La poésie des mots

La poésie des mots

Lilou Breton

La poésie des mots

«Aucune partie de ce livre ne peut être reproduite sous quelque forme que ce soit, sans la permission écrite de l'auteur ou de l'éditeur»

© 2023 Lilou Breton

Tous droits réservés

Conception graphique: Lilou Breton

Dépôt légal : Septembre 2023

ISBN : 978-2-3225-0131-1

Imprimé en France

Édition : BoD - Books on Demand, info@bod.fr
Impression : BoD - Books on Demand, In de Tarpen 42, Norderstedt (Allemagne)
Impression à la demande

La poésie des mots

Avant-propos:

Ce livre est majoritairement écrit au genre féminin, mais n'empêche pas la lecture pour les hommes.

Mon livre aborde des sujets durs mais avec douceur, pour pousser à la guérison, mais je parle de ma tristesse du passé, de mon envie d'arrêter le temps mais aussi, de mon désir d'aider les autres en parlant des injustices, des discriminations, du harcèlement, des violences conjugales, de l'amour, de l'amitié, de la pression scolaire, du suicide, des TCA (trouble du comportement alimentaire) du deuil, de la dépression, des crises d'angoisse, de l'anxiété, la solitude, la confiance en soi…Mais aussi d'aider le lecteur à croire a un lendemain, à croire en ses rêves, à prendre plus sur soi, de s'entourer des bonnes personnes…

Oui, je sais ça fait beaucoup, mais tout cela ne permet pas de qualifier mon livre de triste, il

La poésie des mots

permet aux lecteurs de se sentir compris, de trouver de la force dans leurs combats, de se reconnaître dans ce livre, je veux montrer la magie des mots, je veux donner espoir, je veux faire comprendre que nous ne sommes jamais seuls dans notre tristesse, nous pouvons être compris et apaisé.es par des mots.

Mon livre est mélancolique, il parle de sujets forts et durs qui touchent, mais qui donnent espoir et font croire à la guérison. Je veux qu'après la lecture de ce livre, vous acceptez d'attraper cette main qui se tend, pour remonter la pente, c'est ça le pouvoir selon moi, de la poésie des mots, c'est pouvoir se sentir mieux après une tristesse profonde.

Mon livre est coupé en deux parties, tout d'abord avec l'*Ancolie* qui est une fleur qui représente la tristesse, le chagrin et la douleur, puis la deuxième partie, représentée par la

La poésie des mots

pivoine, qui signifie la guérison et la renaissance de soi.

La poésie des mots

Playlist (Bonne écoute!)

La poésie des mots

La poésie des mots

La poésie des mots

"Merci pour les roses, merci pour les épines, la vie n'est pas une fête perpétuelle, c'est une vallée de larmes, mais c'est aussi une vallée de rose. Si vous parlez des larmes il ne faut pas oublier les roses, si vous parlez de roses il ne faut pas oublier les larmes."

- Jean d'Ormesson

La poésie des mots

La poésie des mots

À mes grands-mères,

et à celle qui, m'a toujours tenu la main.

La poésie des mots

1: L'Ancolie

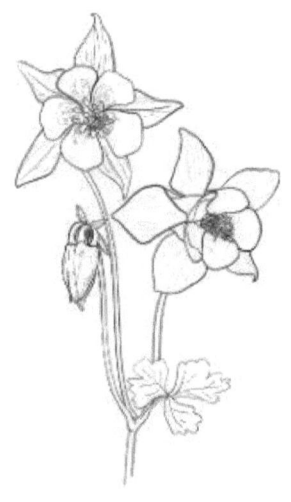

La poésie des mots

La douleur des mots,

ces mots que tu prononces ce jour

que ce soit sous le coup de la douleur ou non

seront gravés en moi pendant longtemps.

La poésie des mots

Près de cette fenêtre me parvenait aux oreilles

le bruit des vagues, ce bruit si mélodieux

qui me permettait de ressentir de l'apaisement

ces oiseaux qui passaient au-dessus de moi et leurs cris rassurants, tout cela me rappelle que j'étais en vie, que je respirais et qu'un monde m'attendait.

La poésie des mots

Perdue dans la pénombre, seul le son de ta voix, guidait mes pas.

Même après ton départ, je sens ta présence partout autour de moi et entends les murmures de ta voix, qui me pousse à avancer.

La poésie des mots

Il pleut beaucoup chez moi en ce moment

et ce n'est pas grave,

car je sais que parfois l'orage amène du vent et de la pluie

mais qu'après cela, réapparaîtra toujours les rayons du soleil

le soleil réapparaîtra toujours.

La poésie des mots

Mon corps et mon poids étaient une obsession pour moi

Comment pouvait-on me trouver jolie ?

la balance et les miroirs étaient mes pires ennemis

Chaque centimètre de ma peau n'était pas conforme à ma réalité

je rêvais de ce corps parfait, de cet idéal,

jusqu'au jour où je me suis rappelée qu'il *n'existait pas.*

La poésie des mots

Nous avons grandi ensemble, nos premières bêtises et fous rires,

c'était ensemble,

mais le temps change bien des choses

tu as grandi, tu es parti,

il n'y avait plus de "nous"

je me sens terriblement seule sans toi.

La poésie des mots

Je maudis cette date qui changera le tournant de ma vie,

plus rien ne sera jamais pareil, ces images tournent en boucle dans ma tête

et ces mots qui hantent mes nuits, pendant des décennies.

Je maudis cette date

La poésie des mots

Comme une envie que le temps s'arrête,

J'aimerais repousser ces journées qui défilent à une vitesse monumentale, j'aimerai profiter plus du moment présent, parfois je repense à ces journées en été où tout était si simple, je riais aux éclats, j'étais heureuse et insouciante tout était *parfait*.

Aujourd'hui, je dois faire face à tous ces changements qui ont lieu autour de moi. Tout a changé.

Ces crises d'angoisse la tuaient à petit feu, elle les sentait envahir tout son corps, elle les laissait l'enivrer car elle savait qu'elles ne les quitteraient pas aussitôt.

La poésie des mots

Ce sentiment qui m'habite depuis si
longtemps, ne me quitte pas

je me sens seule, pourtant, je sais que je ne le
suis pas, mais j'ai l'impression qu'aucune
parole, qu'aucune étreinte ne pourrait remplir
le vide en moi.

Ce sentiment est bien trop enfoui en moi.

La poésie des mots

On ne peut pas sauver quelqu'un qui ne le souhaite pas.

J'ai toujours aidé les personnes qui m'entourent, c'est normal, car je ne supporte pas que les personnes que j'aime ne se sentent pas bien. Mais avec le temps j'ai compris une chose : Si la personne en face de toi refuse que tu l'aides, ne sois pas réceptif à l'intention que tu lui portes, abandonne :

Je sais c'est dur, mais fais lui comprendre que tu seras toujours là pour elle, qu'elle peut compter sur toi, mais tu ne pourras pas la forcer à te parler ou à faire des choses dont elle n'a pas envie ou ne se sent pas capable de faire, car *certaines personnes préfèrent seulement guérir seules*

La poésie des mots

Ces quelques mots prononcés ce jour-là
changeront pour toujours

tu trouvais ça drôle n'est-ce pas ?

tu amusais la galerie

mais la vérité est que ces mots-là changeront à
jamais

ils reviendront dans sa tête comme un
tourbillon de cauchemar

ce n'était qu'une blague disait-il,

mais mon cœur s'est fêlé ce jour-là.

La poésie des mots

Pourquoi ?

Pourquoi mon cerveau as-tu bloqué ce souvenir dans un lieu que je peux atteindre ?

j'aimerais me rappeler de cet instant

dis-moi que c'est faux, que les bribes de souvenirs me viennent seulement de mon imagination, cela n'a pas pu se passer. *Dis-moi que c'est faux.*

La poésie des mots

C'est arrivé un soir, je n'avais pas d'appétit alors je suis montée me coucher sans manger et je ne me

rappelle plus le dernier jour où j'ai mangé correctement, sauter des repas était plus facile.

Car quand l'appétit venait, il suffisait que je me regarde dans la glace ou que je me remémore vos paroles et la minute d'après la faim était partie.

Et maintenant, c'est un cercle vicieux dont je ne peux me défaire.

La poésie des mots

Juste merci à la seule amie qui a su voir au-delà de ce masque, qui ne s'est jamais lassée de m'écouter.

La poésie des mots

Il y a des trous noirs

dans mes années passées

on dit que l'esprit efface les moments les plus douloureux, les traumatismes,

même si mon cerveau a oublié, tout mon être, mon corps, et mon cœur s'en souvient

quand ces flash-back viennent hanter mes nuits

que la sueur perle sur mon front,

que les mots se bloquent dans ma gorge,

seul mon corps lutte pour vivre, j'essaie d'oublier de nouveau

mais la vérité, *on n'oublie jamais vraiment tout.*

La poésie des mots

Ta mort changera le tourment de ma vie

il ne se passe pas une journée où je ne pense pas à toi

il suffit d'une odeur

d'une voix

pour que les larmes me montent aux yeux et glissent le long de ma joue telle une cascade.

La poésie des mots

Je me suis rendue compte que le bonheur ne provient pas de mes résultats,

je ne suis pas obligée d'être parfaite

d'afficher un sourire constant sur mon visage,

j'ai le droit de me plaindre, d'être en colère, de pleurer.

Le bonheur ne devrait pas être seulement en apparence,

le bonheur doit être vrai et ressenti à fond.

La poésie des mots

Je t'ai aimé d'un amour tellement puissant,
qu' après je ne savais plus aimer correctement,
tu garderas toujours une immense place dans mon cœur,
malgré tout ce qu'on a traversé,
tu es encore la personne que j'ai le plus aimé.

La poésie des mots

J'ai essayé de me remettre de ton départ

mais je n'ai jamais réussi

il y aura toujours ce manque au fond de moi

que *toi seul pourras combler.*

La poésie des mots

Beaucoup de personnes méritent tout le bonheur du monde

Ils souffrent à un point inimaginable, mais font rire leurs proches et affichent leur plus beau sourire.

Ce sourire, celui qui vient avec le masque qu'ils mettent tous les matins,

n'est plus qu'un lointain souvenir.

La poésie des mots

Je voyais en lui cet ange,

cet ange idolâtre

qui envoûtait mes nuits

il était cette lumière dans la pénombre.

l'ange de minuit

La poésie des mots

La lune m'enivrait de ses bras
et là *ici,*
dans cette obscurité
qui m'apportait du réconfort
j'étais perdue dans ce mal-être.

Les étoiles, elles, me guidaient
ces astres, qui gravitent autour de moi,
me tiennent éveillée dans cette nuit remplie de pensées.

Le soleil, lui, réchauffait mon cœur
cette chaleur qu'il me ramenait

se propager dans mon coeur,
ces rayons me permettent de voir la lumière,
quand la lune faisait son retour.

La poésie des mots

La poésie des mots

j'aime les mots, leur pouvoir
les mots m'enivrent de caresse
les mots apaisent mon être
mais peuvent aussi me déchirer le coeur
et le réparent à la fois
j'aime écrire et gribouiller sur des pages
vierges jusqu'à ne plus avoir de place j'y
trouve réconfort et m'aide au quotidien.

La poésie des mots

Une morphologie ne définit pas la beauté.

La poésie des mots

La différence entre toi et moi
c'est que tu disais ne pas avoir le temps pour moi
alors que moi, je modifie mon emploi du temps
pour être avec toi.

La poésie des mots

Grandir,

On parle souvent de l'adolescence comme la meilleure période d'une vie,
les joies de l'indépendance, des nouvelles rencontres mais moi, j'aimerai tant retourner en enfance.
Je me souviens des étés à courir dans le jardin avec un sourire collé au visage, ces fous rires et ces balades en famille, ces rires qui s'échappaient de ma gorge, cette joie constante qui m'habitait, autour de mes proches, cette naïveté est partie depuis bien longtemps,
j'ai grandi, je suis dans un autre monde, qui ne me convient guère.

Chaque année, une nouvelle personne part, de nouveaux visages changent, puis disparaissent, de nouvelles défaites arrivent et nous

La poésie des mots

apprennent beaucoup de choses sur la vie, on
nous apprend comment faire des
calculs, à faire ses lacets, à faire du vélo,
mais personne ne nous apprend la dureté de la
vie, tomber,
échouer, rire puis pleurer encore.
Personne ne nous apprend à gérer nos
émotions, à encaisser, voir des personnes
qu'on chérit quitter notre vie à jamais, on se
cherche :
Qui suis-je ? Que vais-je devenir ? Qu'ai-je
envie de faire ?

Non l'adolescence n'est pas la meilleure
période d'une vie, mais seulement la *période
où
l'on nous enseigne plus et apprenons plus sur
nous même.*

La poésie des mots

Ça me terrifie,

l'idée de penser qu'un jour, je ne serai plus là
la vie continuera, les années vont défiler, de
nouvelles naissances vont arriver, mais moi, je
ne serai plus là,
je ne serai que passagère d'une vie passée,
mon corps sera enseveli sous terre
mais mon âme, elle, aura les souvenirs en elle.

Je ne serai plus qu'une âme errante dans
l'univers parmi tant d'autres.
Au fond
j'ai juste peur de la mort.

La poésie des mots

Ils me regardent n'est-ce pas ?

Ils me jugent, me toisent du regard ?

je sens leurs regards désapprobateurs sur moi

je me sens oppressée,

mon cœur palpite

et résonne aussi fort que ce brouhaha

je n'arrive plus à respirer

j'aimerai être invisible car là, ici, entourée de tous ces gens

je n'ai pas ma place.

La poésie des mots

J'ai le désir d'être aimée.

être aimée comme dans les contes de fées
je veux être aimée à en perdre haleine.
je veux faire des balades l'été, ensemble, main dans la main
que nos rires soient partagés et forment une merveilleuse mélodie

Je veux partager mes nuits avec toi et admirer les étoiles.
je veux que la flamme de notre amour ne cesse jamais de brûler
j'ai le désir que nos sourires s'unissent
le désir d'être aimée.
je veux être aimée comme dans les livres,

La poésie des mots

trouver mon prince charmant sur son beau
cheval blanc
je veux être consumée d'amour.

Mais l'amour n'est pas toujours comme dans
les livres, comme ces contes racontés en étant
enfant
certaines histoires ne sont seulement que des
chapitres à finir,
des pages à tourner
des livres à fermer
et recommencer une nouvelle histoire,
*car à chaque histoire qui se finit, une autre
encore plus belle nous attend.*

La poésie des mots

Tes mots étaient des caresses sur ma peau
tes gestes d'une douceur sans nom.

La poésie des mots

Non

Personne ne pouvait comprendre ce qu'elle ressentait.
Elle était perdue dans ses pensées sombres
tellement qu'elle finit par y trouver réconfort
Les cauchemars animés ces nuits, ses larmes ne la quittent plus. Chaque journée, elle avait les mêmes routines, elle
se levait et affichait son plus beau sourire
répondait oui à un "ça va"

Au fil du temps *elle se perdit dans cette noirceur qui habitait son quotidien.*

La poésie des mots

J'aime noircir les pages de mes mots
écrire est devenu mon échappatoire
les mots et les larmes se mélangent sur ces tâches d'encre,
sur ces feuilles tachées de mes mots
Cela m'apporte délivrance et réconfort et surtout de panser mes maux.

La poésie des mots

Non vous hommes ne comprendrez jamais,
La peur de marcher seule dans la rue la nuit.
Tenir ses clés fermement dans ses mains.
Ces regards insistants sur nos corps.
Est-ce que vous hommes, on vous a déjà dit : « ne t'habilles pas comme ça, ça attire les garçons » « elle est habillée comme une pute » « sa tenue est provocante », « elle devrait se faire violer »
Est-ce qu'on vous l'a déjà dit ?
Non
Est-ce que vous avez un salaire plus bas en fonction de votre sexe ?
On vous a déjà interpellés, sifflé dans la rue ?
Est que vous vous êtes déjà fait toucher sans l'avoir voulu ?

La poésie des mots

Avez-vous déjà senti une main sur vos fesses ou encore une main qui glisse sur vos cuisses ?
Non
Vous ne vivez pas dans cette peur constante des regards des hommes.
Vous n'avez pas peur d'être seuls, vos choix ne sont pas remis en question.

Non, vous vous permettez de nous détruire, de nous prendre ce qui nous appartient notre intimité sans aucun regret.
Nous femmes à jamais hantées par ces gestes, ces mains partout sur nos corps, ces nuits sans fermer l'œil, vous ne serez pas traumatisés par cet acte d'une affreuse violence.
Non vous, homme, vous ne comprenez pas,

La poésie des mots

34 300 viols ont été enregistrés en France, 54 800 personnes ont été victimes de violences sexuelles sans compter toutes ces femmes restées dans le silence, il faut que les choses changent.
(Je ne dis pas que des hommes ne vivent pas de telles choses,
et je ne souhaite pas le minimiser).

La poésie des mots

Moi aussi, je sombre dans la noirceur

je suis noyée par la rancœur

mes nuits défilent à une lenteur

toi qui es l'explorateur

quitte mes cauchemars et redonne-moi la raison

pour que je puisse revivre à chaque saison.

La poésie des mots

Tu vois cette rose là-bas ?

rien qu'en la regardant, tu es déjà envoûté par

sa beauté

quand tu t'approches, tu t'enivres de son odeur

mais n'as-tu pas remarqué ?

la dureté de ces épines, leurs noirceurs

sous sa splendeur et sa variété de pétales

se cachent ses épines prêtes

à se protéger des nouvelles souffrances

empêchant quiconque de la briser,

si tu essaies de couper sa tige

elle sera prise de vertige

elle perdra son éclat,

la rose finira par faire son final, laissant

tomber ses premières pétales.

méfie-toi des roses

La poésie des mots

Ce n'est pas parce qu'on n'entend pas les gens se disputer, que tout va bien.

La poésie des mots

Je refoule mes émotions, je dois tout garder en moi

il y a pire que moi n'est-ce pas ?

pourquoi devrais-je dire que ça ne va pas ?

car la vérité me frappera

il y a pire que moi

Ces paroles entendues enfant raisonnent quand je veux me confier « ce que je vis est plus dur que toi »"Tes souffrances ne sont pas légitimes"

"Il y a pire que toi".

Alors je laisse les larmes silencieuses glisser le long de mes joues,

en refermant en elles,

des secrets enfouis

ne souhaitant que fuir.

La poésie des mots

Enfant, j'entendis des choses que je ne devrais pas entendre

je voyais des choses que je ne devrais pas voir.

Alors en grandissant, je finis par sombrer dans le désespoir.

La poésie des mots

La culpabilité la rongeait

alors elle restait allongée
en ressassant les images du passé
elle devait se surpasser
pour ne pas éclater.

La poésie des mots

Elle rêvait d'être avec ces papillons
qui volaient dans les airs
leurs couleurs uniques et magnifiques
elle les enviait
ils étaient si beaux, si éphémères
ces papillons ramenaient le beau temps après
la tempête.
Elle rêvait de voler

mais à elle, *on lui avait coupé les ailes.*

La poésie des mots

Ton rire est la berceuse de mon âme

qui résonne, jusqu'à atteindre mon cœur.

La poésie des mots

Je brûle d'amour pour toi

tu as fait renaître mes cendres
la chaleur de tes flammes m'aveuglait
notre amour se consumait avec nos flammes
ta chaleur me manque
car à nous deux, on était l'incendie d'une vie.

La poésie des mots

Mon corps divague

Je suis bercée par les vagues
au milieu de cet océan de tourment
je cherche à fuir cet étouffement
mon corps divague dans ces eaux sales
seulement éclairées par la lune
en espérant que cette flamme qui m'habitait, *se rallume*.

La poésie des mots

La vie est morose

On dit qu'il faut voir la vie en rose
tu te réveilles un matin avec une joie
revigorante qui s'infiltre dans tout ton corps, te ressource
mais vient la nuit
hantée par tes cauchemars, la joie s'est dissipée
pour laisser place à tes pensées.

La poésie des mots

On est un duo toi et moi ?

et je vois bien le nuage qui se balade autour de toi

la tempête n'est pas passée

mais ne t'inquiètes pas,

je rayonnerai pour toi

et soufflerai ces nuages,

n'oublie jamais, je sourirai pour deux.

La poésie des mots

Parfum de paradis,

Je humais ton parfum une odeur florale douce
et agréable,
qui n'était qu'appréciable
elle me rappelle sans cesse
le parfum du paradis.

La poésie des mots

je me sens faible de t'aimer

oui toi, *la poésie*
je suis vénérable à tes côtés
les mots bloqués dans ma gorge
regorgent de remords
mes doigts sur le papier ne cessent de s'agiter
sous ces mots remplis de vérité silencieuse
ces paroles dites sur le papier
sont une bouffée d'air frais, un poids en moins
la poésie est le témoin de ma plus grande
faiblesse.

La poésie des mots

« je vais bien », disait ta voix

j'ai besoin d'aide, disait ton corps.

La poésie des mots

je suis entourée de mes amis
leurs voix résonnent autour de moi
on me parle, mais je ne réponds pas
je me noie, je suis perdue
je n'en peux plus
ici, là entourée
on me parle, mais je n'entends plus
car au fond
je suis perdue au milieu de tous.

La poésie des mots

Nous sommes dans une génération où critiquer rime avec amusement, où chaque secret sera amplifié et répété, l'amitié et l'amour n'a plus aucune valeur, un baiser ne représente plus rien, si nous sortons du commun, nous sommes critiqués et pointés du doigt.

Plus rien n'a de valeur nous nous attachons à une vie virtuelle, à la recherche de réconfort. *Nous, génération Z* perdue à travers cet univers fictif où tout est faux, le monde est hypocrite.

Mais notre génération est aussi très critiquée, on nous accuse d'être obsédés par notre écran, à vouloir grandir trop vite, on nous qualifie d'immatures.
Mais où êtes vous ? Vous génération d'avant ne voyez

La poésie des mots

vous pas le nombre de suicide, de viol, de
dépression.
Cette pression constante sur nos épaules, tu
dois travailler dur, avoir des super notes même
si tu rentres tard le soir, que tu te

couches à pas d'heure, que les crises
d'angoisse animent tes nuits.

Alors oui, notre façon de nous divertir est
différente de la vôtre, notre vie à nous la
génération Z est dure, oui nous nous réfugions
derrière nos écrans pour nous permettre d'être
divertie, de nous sentir mieux et comprise, ce
sont des appels à l'aide.

La poésie des mots

Alors oui, nous sommes loin d'être une génération parfaite, mais au lieu de critiquer sans comprendre *observez* nous sortons le soir, dansons, chantons et profitons à fond de notre jeunesse, notre génération
où les femmes sont plus entendues, où nous travaillons dur pour réussir nos rêves, une génération qui ne se tait plus sur les problèmes de la société, qui s'entraide, nous

démontons les stéréotypes, une génération engagée pour la
planète contre le racisme et l'homophobie. Notre génération est loin d'être parfaite, elle est imparfaite, et plus belle ainsi, et nous pouvons encore évoluer *ensemble.*

La poésie des mots

Je suis allongée dans mon lit inerte,

à attendre son arrivée, elle m'enivre chaque soir
menant mon cerveau dans un chemin bien plus sombre
et force mon cœur à résonner plus fort
encore une fois, mon corps réagit à ses attaques, tremblant
tu as encore gagné ce combat.
boum
boum

- Crise d'angoisse

La poésie des mots

J'ai l'impression que le ciel m'est tombé
dessus .

Depuis cette nouvelle retentissante
plus rien n'est pareil
et je me sens totalement perdue
anéantie par ces quelques mots
seule dans ce vaste monde.

La poésie des mots

Non ça ne va pas.
Comment veux-tu que je me sente ?
ça fait des années que je masque ma
souffrance par un sourire rayonnant
mais rien n'a jamais été aussi faux, que ce
sourire.

La poésie des mots

Et puis un jour le son mélodieux que faisait
son cœur s'arrêta,
comme un long souffle, tel le vent sur les
branches d'un arbre.

La poésie des mots

La symphonie de ton cœur
une douce brise passait
au-dessus de nos têtes
la lune éclairait ton visage
non loin, se trouvait un rivage
des oiseaux volaient dans les cieux
nous étions entourés de bruits
mais le son qui résonnait le plus, c'était la
symphonie de ton cœur.

La poésie des mots

Je me sens ivre d'amour
cette chaleur me parcourt
et rend tes baisers plus doux
refais moi la cour
s'il te plaît mon amour
que les jours ne se finissent jamais.
Je veux que le soleil reste au-dessus de nos têtes.
Il me rendrait prisonnière de ton amour
mais tu fis venir la lune
pour que tout se rallume
me laissant seule avec une pointe d'amertume.

La poésie des mots

Quand vient l'ennui
que le vide est trop grand
je sais que je peux compter sur toi
oui toi, la nourriture
tu sembles combler ce vide qui grandit de jour en jour
mais tu n'es que façade
d'un mirage de tristesse
qui ne cesse d'accroître au fin fond de moi.

La poésie des mots

ce n'est pas de ta faute
ce n'est pas de ta faute
ce n'est pas de ta faute
ce n'est pas de ta faute
ce n'est pas de ta faute
ce n'est pas de ta faute
ce n'est pas de ta faute
ce n'est pas de ta faute
ce n'est pas de ta faute
ce n'est pas de ta faute
ce n'est pas de ta faute
ce n'est pas de ta faute
ce n'est pas de ta faute
ce n'est pas de ta faute
ce n'est pas de ta faute
ce n'est pas de ta faute
ce n'est pas de ta faute
ce n'est pas de ta faute
ce n'est pas de ta faute
ce n'est pas de ta faute
ce n'est pas de ta faute
ce n'est pas de ta faute
ce n'est pas de ta faute
ce n'est pas de ta faute

La poésie des mots

ce n'est pas de ta faute
ce n'est pas de ta faute
ce n'est pas de ta faute
ce n'est pas de ta faute
ce n'est pas de ta faute
ce n'est pas de ta faute
ce n'est pas de ta faute
ce n'est pas de ta faute
ce n'est pas de ta faute
ce n'est pas de ta faute
ce n'est pas de ta faute
ce n'est pas de ta faute
ce n'est pas de ta faute
ce n'est pas de ta faute
ce n'est pas de ta faute
ce n'est pas de ta faute
ce n'est pas de ta faute
ce n'est pas de ta faute
ce n'est pas de ta faute
ce n'est pas de ta faute
ce n'est pas de ta faute

Ce n'est, et ce ne sera jamais, de ta faute.

La poésie des mots

J'étais cette tasse en porcelaine,
ébréchée
on dit que la porcelaine est faite d'une couche
très fine, mais très dure
j'étais cette porcelaine, vierge
seulement protégée d'un vernis
mais au fil des années
enfermée dans ce placard,
avec cette même tasse,
cette tasse qui cohabitait avec moi,
plus grande, plus brillante, des tâches de
couleur apparaissent sur ma porcelaine vierge
des tâches brunes, puis bleues
je n'étais plus seulement ébréchée,
mais totalement fêlée, brisée.

La poésie des mots

Miroir, miroir

Tu es passé devant moi ,
et je t'ai laissé voir à travers moi,
je baisse mes barrières
et me laisse guider par ton reflet
je sors de cette carapace
et laisse couler mes larmes.

La poésie des mots

L'amour,
c'est comme des flammes, quand tu t'y approches
de trop près
ça brûle
je le savais pourtant,
j'ai enlacé cet amour
qui m'a fondu
en sachant
qu'il s'éteindrait avec moi.

La poésie des mots

Les parents, vous êtes aussi autorisés à vous excuser, quand vous nous blessez.

La poésie des mots

Un jour, tu croiseras un papillon
et à travers ses couleurs
et ses battements d'ailes
tu pourras enfin
reprendre une bouffée d'air.
On dit que les papillons sont porteurs d'espoir
et de changement
mais c'est surtout
qu'après leur passage
tout va mieux comme par enchantement
n'oublie jamais
que leur passage
sont éphémères tout comme ta douleur.

La poésie des mots

Je suis cette personne joyeuse
qui rit aux éclats
qui aime à fond
qui donne tout
sans rien demander en retour
qui fait passer le bonheur des autres
avant le sien
qui pardonne toujours
cette personne qui porte les problèmes pour deux
qui est constamment là
quand on a besoin d'elle
qui aide toujours
je suis cette personne
toujours là pour les autres.
Alors je n'accepte pas qu'on me dise
que je suis égoïste
quand j'ai besoin d'être seule
d'avoir de l'espace
et de me retrouver seule.

La poésie des mots

Parlons anxiété
On ne se rend pas compte de la difficulté de
cohabiter avec elle, de l'énergie constante
qu'elle demande, cette sensation
d'étouffement constant, de cette overdose,
proximité de cette boule d'angoisse bien logée
en nous, de ces tics qui ne nous lâchent plus,
alors retiens ces quelques phrases pour moi,
relie les autant qu'il te faut :
tu es assez
tu n'es pas de trop
non, on ne te regarde pas
non, ce n'est pas juste dans ta tête
non, tu n'abuses pas
oui, tu peux rire aux éclats !

La poésie des mots

Juste un petit rappel

Ne monte pas sur la première marche que tu
vois
ne prends pas celle qui est la plus éloignée
pour aller plus vite
prends la plus proche
qui te donnera plus d'assurance
fais un pas après l'autre
ne va pas trop vite ne fais pas de ton corps ton
pire ennemi,
mais ton meilleur ami
il te suit, te porte
et te permet d'avancer, d'être là,
fais de lui ton allié.

La poésie des mots

J'ai souri après m'être faite insulter

j'ai baissé la tête en ayant raison

j'ai dit pardon sans n'avoir rien fait
j'ai dit oui, quand je voulais dire non
j'ai accepté de me faire piétiner   j'ai donné et était présente à chaque instant,

sans rien demander en retour,

j'ai placé le bonheur des autres avant le mien.
J'ai fait tout ça à en perdre pied,

 et j'ai fini par tomber de cette falaise
Mais personne ne m'a tendu la main pour m'aider à remonter.

La poésie des mots

Cette danseuse virevoltait
elle était si gracieuse
elle enchantait tout le monde
mais un jour son teint lumineux
finit écarlate
et fut accompagné par des tâches bleues
son coéquipier de danse
la faisait danser sans cesse
sans aucune pause
même quand la musique cessait
que la salle se vidait
que les projecteurs étaient éteints, il la faisait
danser
et le lendemain
toujours dans sa belle robe
de nouvelles tâches apparaissaient
elle ne pouvait arrêter de danser, car la
musique tournait toujours .

La poésie des mots

L'orage gronde dehors
la pluie et le vent agitaient les arbres dehors
Chaque fois que l'orage retentit
je suis replongée dans cette nuit noire
à chaque coup de foudre
l'angoisse broie mes poumons
j'ai compris que nos instants étaient comptés
que nous pouvions mourir, là, maintenant

La poésie des mots

2: Pivoine

La poésie des mots

Je tenais depuis ma tendre enfance dans mes mains, un bouquet d'ancolies, il ne me quittait jamais, quand il fanait, je retournais en acheter. Puis un jour, tu m'as offert des pivoines, un magnifique bouquet, qui ne fane jamais, d'un rouge étincelant, aussi rouge que mes joues, après tes baisers.

(Ancolie Symbolique: L'ancolie est liée à la tristesse, la solitude et la folie. Ainsi, dans le langage des fleurs, on se tourne vers l'ancolie lorsqu'on se retrouve pris dans un
grand trouble sentimental ou émotionnel.
La pivoine, qui est la fleur sur ma couverture est synonyme de guérison et de paix, que l'on offre pour aller mieux.)

La poésie des mots

Cette mer était déchaînée
depuis des années
cette eau était si transparente
qu'elle n'avait aucun secret
mais depuis peu
la mer s'était calmée
on pouvait voir un magnifique coucher de
soleil illuminer son horizon
c'est ce phare
ce magnifique phare,
qui l'éclairait
la faisant régner sur terre
ce marin dans ce phare
faisant disparaître les algues, ne laissant que
l'écume.

La poésie des mots

Tu étais cette étincelle
qui rallumait mon âme
mon âme était infâme
et noircie par le passé
je me sentais dépassée
ma flamme s'éteint peu à peu
mais tu étais là
tu tenais ta parole
tu veillais à ce que ma flamme ne s'éteigne
plus jamais.

La poésie des mots

Tout est éphémère, et ça m'effraie.

La poésie des mots

Voici des choses dont vous ne devez jamais
vous sentir coupable :

De ne pas sortir un soir, tu as le droit d'être
fatigué(e) ou de rester tranquille chez toi
tu as le droit de grignoter si tu as faim
tu as le droit de passer une journée au lit quand
ça va pas
tu peux dire non quand tu ne veux pas
tu as le droit de procrastiner.

La poésie des mots

Merci maman d'avoir séché mes larmes avec tes sourires.

Merci maman de m'avoir protégée avec tes câlins.

Merci d'avoir été présente dans les moments de doutes.

Merci de me faire rire avec ton humour.

Merci d'être là.

Merci pour ton amour.
Merci pour tout.

La poésie des mots

Ton corps a un message pour toi.

je sais que je ne suis pas parfait,
mais je t'aide à rester debout
à être en bonne santé
je sais que tu n'apprécies pas ces changements
en toi
je sais que parfois tu envies les autres mais je
suis ta seule maison
je te suivrai toute ta vie
alors, s'il te plaît, ouvre-moi ta porte.

La poésie des mots

Souris à en illuminer une population
rigole à en réveiller les cieux
cours jusqu'à attraper tes rêves
crie je t'aime sur le toit du monde
embrasse et câline les personnes que tu aimes
aime à 100 %
sois toi-même, vraiment.

La poésie des mots

La jeunesse est éphémère

Cela me désespère
la jeunesse est comme un papillon
d'une grande beauté
 mais de courte durée
alors rattrapons ce papillon
avant sa disparition
profitons de cette cohabitation
avant qu'il ne prenne son envol.

La poésie des mots

j'ai le droit, de prendre le temps de guérir.

La poésie des mots

J'espère que tu te rends compte, de ta valeur, ne te remets jamais en question à cause du jugement des autres, tu es bien plus courageuse que ça, tu es brillante, belle et unique, le regard des autres n'a plus d'importance quand tu rayonnes, tu as peut-être fait des erreurs, mais tu t'es relevée à chaque fois, et en as retiré de belles leçons, tu es forte, et tant de choses t'attendent, des personnes t'aiment de tout leur cœur alors, j'espère que tu te rends compte de ta valeur, tu es sublime, et unique alors affronte ce monde.

La poésie des mots

Elle est authentique
elle est romantique
elle n'était pas égocentrique
elle est pure
elle avait vécu beaucoup de coupures
mais elle était dure
après ce qu'elle a enduré
elle restait debout.

La poésie des mots

Époustouflante

Elle est époustouflante.
Elle était purifiante.
Tout chez elle était rayonnant.
Elle était impressionnante.
Après avoir dit « oui » encore une fois après un, ça va.

La poésie des mots

Quand tu es perdue dans l'obscurité
s'il te plaît,
cherche-moi.

La poésie des mots

Crépuscule,

je me sens minuscule
face à cette beauté infinie
le crépuscule me définit.
Je suis cette *lumière incertaine, qui se succède
immédiatement au coucher du soleil* .

La poésie des mots

Ces choses qui me réconfortent:
Un câlin
La lecture
Une musique douce
Écrire
Un je t'aime
Sortir me balader
Manger mes aliments préférés
Lire
Être dans les bras de mes proches
Les bisous sur le front de mon frère
Danser avec mon père
Être avec ma famille
Regarder mes films préférés.

La poésie des mots

Ils disent que je ne t'ai jamais connu
Pourtant
je suis persuadée, que nos deux astres
ce sont déjà rejoints
le soir d'une nuit d'étoile filante.

La poésie des mots

TW: TCA

J'ai peur de cette assiette
suis-je obligée de tout manger ?
J'ai grossi non ?
Je suis trop maigre, je devrais manger plus ?
Avant de te retrouver à l'hôpital pose-toi les
bonnes questions :
ta chambre, ta famille ou l'hôpital ?
la liberté, la santé ou le poids
restaurant en famille, pique-nique entre amis,
ou sonde ?
réussite ou échec ?
Dans tous les cas, la réponse est au fond de toi
cette assiette n'est rien
comparé à tout ce qui t'attend de merveilleux.

La poésie des mots

Si jamais tu as besoin de parler à quelqu'un, viens me voir, je t'écouterai pendant des heures, je ne veux jamais que tu mettes de côté tes souffrances, la seule personne dont tu dois te soucier, c'est *toi*.

La poésie des mots

J'ai tant écrit, et réécrit
s'il te plaît continue de me lire
trouve réconfort dans mes écrits,
moi qui vis à travers la poésie
laisse-moi t'aider avec mes poèmes couleur crème
laisse-moi panser tes blessures
pour ouvrir cette serrure
de ton cœur si pur
lettre à un inconnu, lis mes mots
je veux guérir tes maux
laisse-moi penser que j'ai le pouvoir
de guérir, un cœur brisé.

La poésie des mots

Je ne me sens plus aussi heureuse, qu'avant trop de sentiments contradictoires, où est cette excitation la veille de noël ? Où est cette joie qui remplit mes poumons la veille de mon anniversaire ? *Disparue.* Place désormais à ce temps qui défile à toute allure je me sens dépassée dans cet environnement incapable de pouvoir contrôler mon univers et si tout change du jour au lendemain ? Et si nous étions contrôlés par le *TIC-TAC* de
nos horloges ? Est-ce que ces montres sur nos poignets vont s'arrêter y'a-t-il un bouton stop ?
Puis-je revenir en arrière et profiter pleinement du moment présent comme quand j'étais une enfant remplie de rêve ?

La poésie des mots

Elle est une peinture

Très belle même avec ses ratures
Sur cette peinture, nous pouvions apercevoir la fresque de sa vie
un véritable chef d'œuvre
le mélange de ces couleurs
la rendait unique
mais avec le temps
ces couleurs devinrent fades.
Il y a un temps où ces couleurs acryliques attiraient l'œil de chaque passant
mais aujourd'hui elle est une peinture d'aquarelle
Les passants attendent une peinture à la gouache à présent, remplie de couleurs et de textures différentes.

La poésie des mots

Un rire d'enfant
renfermant des secrets enfouis,
d'autres fois
d'un autre monde
ce monde où les cœurs sont plus bruyants que
les voitures
un monde où les sourires illuminent plus que
le soleil
un monde où la gentillesse et la générosité font
partie de nos valeurs
un monde où une embrassade réchauffe des
cœurs
un monde bien caché et protégé par les rires
des enfants.

La poésie des mots

Douce mélodie
une berceuse
c'est ce que me procurent tes baisers
quand j'étais blessée
chacun de tes baisers
cachait un pardon
un *je t'aime*
mais tes baisers étaient-ils suffisants ?
Après que tes mains aient commis
l'impardonnable.
Notre relation n'était plus des baisers si doux
remplis de notes de musique
cette berceuse était finie
mais notre histoire tournait en boucle
comme un disque rayé.

La poésie des mots

Chaque livre renferme une histoire
qu'elle soit merveilleuse ou non
qu'elle soit magique, terrifiante
une histoire fascinante,
peu importe la première de couverture.
Lisez-le.
Le résumé n'est peut-être pas attrayant
mais chaque histoire mérite d'être lue,
vécue à fond,
peu importe la fin.
De nouveaux livres nous attendent
une bibliothèque de souvenirs c'est encore mieux,
qu'une bibliothèque remplie de poussière.
Ce n'est peut-être pas la plus belle histoire
mais sûrement, la plus enrichissante.

La poésie des mots

Chaque bouchée est un supplice
je passe mes nuits à rêver de ces chiffres
mais je perds mon temps à *réellement* vivre
je rate 80% de ma vie pour peser 20% de
moins.

La poésie des mots

Guérir c'est bien
mais guérir accompagné des bonnes personnes
c'est encore mieux.

La poésie des mots

Je me suis effacée totalement
pour que mes proches puissent
souffrir entièrement
sans que je ne puisse leur causer de tourment.

La poésie des mots

J'emprunte ce chemin sinueux
qui mène à ton cœur
au bout de ce chemin
rempli de rancœur
je voyais toujours ces petites étoiles briller
dans tes yeux
le bruit de ton cœur
résonnait dans mes oreilles
tu disais avoir perdu ton éclat
mais moi
j'entendais les battements
de ton cœur
au bout de ce chemin
j'arrivais vainqueur
car désormais
ton chemin sinueux
mène à ton cœur.

La poésie des mots

Ouvre les yeux et regarde toutes ces personnes qui l'acceptent comme tu es, qui te soutiennent, toujours présentes, te tiennent la main, ce n'est peut-être pas grand-chose, mais sois fière de cet entourage, ils ne sont peut-être pas parfaits, ils possèdent sûrement des défauts, mais ils t'aiment et ils sont *là,* et ça, ça fait toute la différence.

La poésie des mots

Si ça te rend heureux, ce n'est pas une perte de temps.

Ne te demande pas si c'est assez bien,
ne te demande pas ce que vont en penser les autres.

Si ça te rend heureux, que cette lueur dans tes yeux réapparaît, que tu scintilles à nouveau, ce n'est pas une perte de temps.

La vie est beaucoup trop courte, pour ne pas faire ce que tu aimes.

La poésie des mots

Lettre à un inconnu,
laissez-moi vivre dans ce monde
laissez-moi courir sous la pluie
crier «je t'aime» sur tous les toits
laissez-moi vivre à travers la poésie
dites-moi qu'un jour cet inconnu sourira
devant mes mots
comme trouver une lettre par terre sans
destinataire
lettre à un inconnu
toi qui es résolu
lis cette lettre
pour sortir de ton mal-être
ne sois pas comme tes ancêtres.
Danse, hurle, ris, cours,
jusqu'à épuisement
pour que progressivement
un sourire

se dessine de nouveau
sur ton visage de bel inconnu.

La poésie des mots

La pluie tombait sur les fenêtres
les oiseaux se mettaient à l'abri
les passants sortaient leurs parapluies
je sortais sous la pluie
et je laissais mes larmes silencieuses se
mélanger à la pluie
les voitures s'arrêtaient
les passants s'immobilisaient
la pluie qui tombait sur la fenêtre
ramenait les premiers rayons de soleil.

La poésie des mots

Venge avec *ta réussite*.
Punis avec *ton sourire*.
Tue avec t*on silence*.
Gagne avec, *ta sincérité et ton courage.*

La poésie des mots

Mes émotions sont ma source d'inspiration
parfois devant ces pages blanches
perdue dans le néant
je cherchais à écrire mes peurs
je suis remplie de stupeur
et si, écrire était mon seul remède ?
et si, les mots pouvaient guérir mes maux ?
Et si, écrire était un art sans limite ?

La poésie des mots

Un mirage était ma tristesse
je te promets ce sentiment se disperse
tu atteindras cette idylle que tu mérites
ton passé mouvementé n'est que chimère
du monde qui t'attend
tu as le droit à ce monde éclatant.

N'oublie jamais
que la tristesse est passagère
contrairement au bonheur
qui lui, est éternel.

La poésie des mots

Je suis nostalgique d'un temps passé
et si le temps me dépasse
que tout passe en un claquement de doigts
j'aime me remémorer les années passées,
ces fous rires, ces rencontres
ces peines, qui font de moi
la personne que je suis.
Et si on regardait vers l'avant ?
Et si nous faisions un pas en avant ?
Nous pouvons stopper le temps
et vivre le moment présent..

La poésie des mots

Tu mérites mieux qu'une personne qui part sans un au revoir.
Tu mérites mieux que quelqu'un qui te traite mal et ne connaît pas ta valeur
Tu mérite mieux qu'une personne qui laisse tes questions sans réponse
Tu mérites le meilleur avec la meilleure des personnes.

La poésie des mots

Ton regard fait chavirer mon cœur.

Tes paroles apaisent mes peurs
tes gestes une caresse sur ma peau.

Ton sourire à faire rayonner l'univers.

Quelle douceur de tomber amoureuse.

La poésie des mots

Dans ce vaste monde rempli de secrets
je savais qu'écrire était le remède,
à la fin de chaque semaine
je voulais guérir des peines
alors j'écrivais
pour ces inconnus d'ailleurs.

La poésie des mots

Ce petit rayon de soleil
qui m'aide
à avancer dans la vie
Réveille en moi des sentiments enfouis
toute ma vie
je n'ai fait que fuir
cherchant à réellement vivre
mais le soleil guettait mes pas
cachés avec les étoiles
qui traçaient mon chemin
ces petits rayons de soleil
me perçaient à jour
me faisant briller
parmi les astres.

La poésie des mots

Et si tout aller mieux et si je profitais de mes proches à fond constamment et si je mêlais mes rires aux leurs
et si je partage avec eux un sourire vrai et si j'étais réellement moi et que j'arrêtais de me cacher derrière ces pages noircies de mes mots ?

La poésie des mots

Mon âme s'enflamme et mon cœur
s'embrassant
les mots broient mon cœur
les larmes silencieuses sont mon inspiration
je reprends mon inspiration
et j'écris
encore
et encore
jusqu'à ce que les pages soient remplies de
mes mots
j'ai trouvé le moyen de panser des maux
mon cœur s'enflamme
car je ne me noie plus, je nage.

La poésie des mots

J'ai une pointe d'amertume en moi
peut-être à cause des écumes de nos souvenirs
je ne sais pas
je ne regrette pas notre passé
j'apprécie ce goût d'amertume en bouche
cela me rappelle ce qu'on a vécu
car malgré notre passé ravageur,
je refuse de vivre dans un monde sans saveur.

La poésie des mots

On s'est aimé sans se connaître
je comptais les kilomètres
qui séparent ton cœur du mien
notre amour si pur
j'étais de nature obscure
et toi, tu rayonnes parmi les étoiles
dans tes yeux, naissait des constellations
comme le reflet de notre relation.

La poésie des mots

Nos jours sont comptés à chaque instant, le monde est éphémère, la vie n'est pas toute lisse et elle est cabossée, émiettée, on va en vivre des aventures parfois des plus difficiles que d'autres, notre chemin est sinueux, nous cherchons tous ce bout du tunnel, au lieu de profiter du moment présent
bien sûr que la vie est dure, il en existe beaucoup de chemins obscurs mais arrêtez de regarder en arrière, toutes ces choses
que vous avez vécues, vallent la peine de les vivre.

La poésie des mots

Je suis fière de toi, pour avoir essayé.

je suis fière de toi, car tu t'es battu

je suis fière de toi, pour ne pas avoir abandonné.

Je suis fière de toi, de garder la tête haute à chaque épreuve.

Je suis fière de toi car tu avances droit devant toi, sans t'arrêter.

La poésie des mots

N'oublie pas qu'il reste des gens bien dans ce monde,
des personnes se plient en quatre pour être à tes côtés, des personnes t'aiment réellement et ne te lâcheront pas à la première difficulté. Le monde est vaste, et de nombreuses personnes passeront sur cette route, mais il y a bien une, qui s'arrêtera et parcourra le monde avec toi, et ne te lâchera plus jamais la main.

La poésie des mots

Le silence est apaisant
parfois, je me tais sans aucune raison
en attendant une nouvelle floraison
je perds peut-être la raison
derrière ce silence
je cherche le pardon
je suis silencieuse quand j'observe ces astres
autour de moi
ces astres qui ne cessent de briller pour moi
qui illuminent le chemin à suivre
Le silence accompagne ma réussite
guidée par les étoiles
que représente ma famille .

La poésie des mots

En grandissant tu comprendras qu'une vraie relation
ne commence pas après un baiser ou un je t'aime échangé mais cela commence réellement, quand tu te sentiras compris, respecté, aimé, écouté, *une relation où tu es vraiment toi.*

La poésie des mots

Juste pour les victimes ayant vécu des attouchements, un viol ou s'étant faites agresser,
rappelez-vous, que vous ne serez JAMAIS responsables de ces actes. C'est légitime de ressentir ce que vous ressentez actuellement et ce n'est pas de votre faute, vous êtes fortes et vous vaincrez cela.

La poésie des mots

Vous qui lisez cela, rappelez vous que des jours meilleurs vous attendent, des fous rires inarrêtables et des larmes de joies feront surface, rien n'est trop dur avec de la volonté, réalisez vos rêves, prenez soin de vous et j'espère vous avoir apporté peut-être un peu de réconfort et que vous vous reconnaîtrez à travers mes mots, j'espère grandement que je vous ai apporté de l'aide d'une quelconque façon avec la poésie de mes mots.

La poésie des mots

Merci, rime avec
éclaircie
c'est ce que je ressens après avoir fini d'écrire
mon deuxième livre
la lumière fait son retour
dites au revoir au vautour
et dites bonjour aux beaux jours
une vie belle et lumineuse vous attend
soit radieuse
lumineuse mais surtout
rêveuse.

La poésie des mots

Parfois une dernière phrase n'est pas nécessaire, un point final suffit.

La poésie des mots

Il est temps
de tourner la page
ce chapitre
est maintenant
terminé.

La poésie des mots

Comme dit ma grand-mère
« À un autre soleil. »

La poésie des mots

FIN.

La poésie des mots

Remerciement :

Merci à mes proches qui comme toujours, me soutiennent dans mes projets, m'encouragent au quotidien, merci pour votre amour, pour la correction et votre avis, vous êtes ma plus belle inspiration.

Merci à ma professeur de sixième qui ne croyait pas en moi, quand je lui disais que je rêvais d'écrire un livre, j'ai pris ma revanche je crois.

Merci à vous, lecteurs et lectrices, qui me soutiennent, vos messages m'ont beaucoup aidés, que ce soit avec l'achat de mon livre ou via les réseaux sociaux, tous vos retours et vos encouragements m'ont aidés également. Vous avez véritablement changé ma vie.

Merci à mon frère d'avoir cru en moi, de m'avoir conseillé et merci pour tes bisous sur le front, le meilleur bouclier contre mes doutes.

La poésie des mots

Merci à Rim et Loane, qui ont été d'une

grande aide dans ce projet, que ce soit avec les conseils de Loane ou la correction de Rim

Merci beaucoup, j'ai découvert de véritables amies. Je vous aimes.

Encore merci à Lola pour son soutien, tes encouragements et ton aide précieuse, ce projet n'existerait sans toi, et encore moins cette couverture tu es l'une de mes plus grandes sources d'inspiration, ta joie de vivre et ton soutien constant, ont fait que ce livre est désormais dans les mains de plusieurs personnes.

Et enfin merci à mes très chers parents mes piliers, pour vos avis sur mes écrits, pour votre amour. Merci papa de

La poésie des mots

m'avoir partagé ton amour pour la lecture, sans toi rien de tout cela serait possible.

Un soir où l'ennui était trop grand, j'ai voulu faire quelque

chose de grand, entourée d'une famille d'artistes, avec

des oncles merveilleux et des femmes grandioses, une famille éblouissante, inspirante. Ce soir j'ai voulu faire quelque chose de grand, rendre heureuse la petite Lilou de 11ans, les rêves pleins la tête, alors, j'ai écris un livre.

Merci, je vous aime.

La poésie des mots

Merci à mes proches qui comme toujours, me soutiennent dans mes projets, m'encouragent au quotidien, merci pour votre amour, pour la correction et votre avis, vous êtes ma plus belle inspiration.

Merci à ma professeur de sixième qui ne croyait pas en moi, quand je lui disais que je rêvais d'écrire un livre, j'ai pris ma revanche je crois.

Merci à vous, lecteurs et lectrices, qui me soutiennent, vos messages m'ont beaucoup aidé, que ce soit avec l'achat de mon livre ou via les réseaux sociaux, tous vos retours et vos encouragements m'ont beaucoup aidé. Vous avez véritablement changé ma vie.

Merci à mon frère d'avoir cru en moi, de m'avoir conseillé et merci pour tes bisous sur

La poésie des mots

le front, le meilleur bouclier contre mes doutes.

Merci a Rim et Loane, qui ont été d'une grande aide dans ce projet, que ce soit avec les conseills de Loane ou la correction de Rim Merci beaucoup, j'ai découvert de véritables amies. Je vous aimes.

Et enfin encore merci a Lola pour son soutien, tes encouragements et ton aide précieuse, ce projet n'existerais sans toi, et encore moins cette couverture, tu es l'une de mes plus grandes sources d'inspiration, ta joie vivre et ton soutiens constents, ont fait que ce livre est desormais dans les mains de plusieurs personnes.

Merci à mes très chers parents mes piliers, pour vos avis, sur mes ecrits, pour votre amour. Merci papa de m'avoir partagé ton amour pour la lecture, sans toi rien de sous cela serait possibles.

La poésie des mots

Un soir où l'ennui était trop grand, j'ai voulu faire quelque
chose de grand, entourée d'une famille d'artistes, avec
des oncles merveilleux et des femmes grandioses, une famille éblouissante, inspirante. Ce soir j'ai voulu faire quelque chose de grand, rendre heureuse la petite Lilou de 11 ans, les rêves plein la tête, alors, j'ai écris un livre.

Merci, je vous aime.

La poésie des mots

La poésie des mots

Merci.

La poésie des mots

La poésie des mots

La poésie des mots

La poésie des mots

La poésie des mots

La poésie des mots